청소년양육 2

동반자용

인사말

나를 살리는 큐티, 우리를 살리는 고백

'THINK 청소년양육'은 지식을 쌓기 위한 성경 공부가 아니라 자신의 가치관을 바꾸는 훈련이에요. THINK 청소년양육의 핵심은 '구속사로 성경을 읽어가는 큐티'를 배우는 데 있어요. '구속사'란 내 죄를 위해 죽어 주신 예수님의 이야기예요. 구속사로 성경을 읽는다는 것은 성경을 단순히 윤리와 도덕 이야기가 아니라 성부, 성자, 성령 하나님께서 나의 구원과 거룩을 위해 행하시는 이야기로 읽는 것을 말해요. 우리의 구원과 거룩을 바라시는 하나님의 뜻대로 성경을 읽고 하나님의 마음을 배우는 훈련이 큐티랍니다. 주님을 알기 전에 우리는 자기중심적인 생각을 하죠. 사건마다, 사람마다 자기 입장에서 생각하기에 다른 사람을 이해하지 못하고, 원망과 불평의 올무에 갇히기 쉬워요. 그러나 주님은 나 한 사람의 구원을 위해 이 세상의 모든 환경을 움직이셨을 뿐만 아니라 오랜 시간 기다려 주시고 자신의 생명까지 내어 주셨어요. 이런 주님을 만나게 된 사람은 매 순간 '예수님이라면 나와 같은 상황에서 어떻게 하실까?' 하고 생각하게 됩니다.

'생각'(think)을 잘못하면 '가라앉게'(sink) 되고, '탱크'(tank)처럼 자기 열심으로 밀어붙이게 되지요. 내 생각에 치우치지 않고 예수님처럼 생각하려면 말씀으로 오신 주님을 만나야 해요. 큐티는 말씀 묵상을 통해 내 생각과 욕심을 가지치기하는 훈련이에요. 성경을 구속사적인 관점으로 보면서 아브라함을 비롯한 수많은 믿음의 조상들의 삶에 나를 비추어 보는 것이죠. 그러면서 자신의 죄를 발견하고 주님의 은혜 없이는 살 수 없는 존재임을 깨달으며, 매일 새롭게 거룩한 사람으로 창조해 가는 신앙 훈련이에요. '생각'(think)을 바르게 하면, 어떤 환경에서도 '감사'(thank)가 나오고, 큐티의 궁극적인 목적인 영혼 구원의 사명을 발견하는 데까지 이르게 된답니다.

이렇게 말씀 앞에 겸손히 자신을 직면하고 하나님의 주권을 인정하면 나의 구원을 위해 어떤 것도 버릴 것이 없음을 깨닫게 되지요. 말씀 안에서 '나와 다른 '너'를 이해하고 받아들이며, 상대방의 사건을 주님의 마음으로 깊이 깨닫고, 십자가 지는 사랑으로 나아갈 수 있어요. 이렇게 영혼 구원을 목적으로 이타적인 삶을 소망하는 사람들이 모인 공동체는 은혜와 구원의 통로로 쓰임 받게 된답니다.

'THINK 청소년양육'을 통해 체득하게 될 큐티는 다음과 같아요. 하나님의 구속사로 성경을 차례대로 읽어가는 큐티, 프로그램이 아닌 날마다 해야 하는 삶의 과정인 큐티, 내 죄를 보는 큐티, 십자가를 길로 놓는 큐티, 나의 약재료로 다른 사람을 살리는 큐티, 죄 고백이 능력임을 경험하는 큐티, 환난당하고 빚지고 원통한 자들과 함께하는 큐티, 공동체를 거룩하게 하는 큐티, 인생의 목적은 행복이 아니라 거룩임을 깨닫는 큐티, 내게 일어난 사건을 말씀으로 해석하는 큐티, 질서에 대한 순종을 배우는 큐티, 한 영혼의 소중함을 깨닫는 큐티, 끼리끼리 공동체에서 사명 공동체로 나아가게 하는 큐티, 이타적인 삶을 가능하게 하는 큐티, 인간에 대한 이해가 깊어지는 큐티, 남녀의 구조와 역할을 깨닫게 하는 큐티, 하나님 앞에 정직한 청소년으로 살아가는 큐티, 옳고 그름의 문제가 아님을 깨닫게 하는 큐티, 하나님 안에서 나의 가정을 사랑하고 지키는 큐티, 구속사의 시각으로 사람(사건)을 보게 하는 큐티랍니다.

'THINK 청소년양육'은 지식을 쌓기 위한 성경 공부가 아닙니다. 가치관을 바꾸는 훈련이죠. THINK 청소년양육의 핵심은 '구속사로 성경을 읽어가는 큐티'를 배우는 데 있어요. THINK 청소년양육은 각 과마다 'THINK'의 원리로 진행됩니다.

첫 번째 단계는 '마음 열기'(Telling, 텔링)입니다.

THINK의 첫 시작, 마음 열기는 예수님을 초청하는 시간! 내 삶이 예수님과 어떤 연관이 있는지 생각해 보면서 마음 문을 열어 보세요. 예수님은 의인을 찾으러 오신 것이 아니라 죄인을 부르려고 오셨어요. 예수님을 초청한다는 것은 내 죄를 고백하는 것이기도 해요. 또한 주일 설교 말씀을 되새기면서 나를 찾아오신 주님께 마음을 열고 내 생각을 고백해 보세요.

두 번째 단계는 '말씀 읽기'(Holifying, 홀리파잉)입니다.

우리는 스스로 거룩해질 수 없어요. 오직 말씀이신 예수님(요 1:14)을 만나야만 삶이 거룩해질 수 있죠. 매주 주제 큐티 말씀을 묵상할 때, 내가 성경을 읽는 것이 아니라 본문 말씀이 나를 읽고 지나갈 수 있도록 성령의 감동을 구하는 것이 중요해요(딤후 3:16).

세 번째 단계는 '해석하기'(Interpreting, 인터프리팅)입니다.

내가 예수님을 영접했어도 지금껏 살아온 방식이 있기에 '내 생각'으로 예수님을 만나려는 모습이 있어요. 그러나 내 생각에 예수님의 생각을 맞추는 것이 아니라 나를 만나 주신 예수님의 생각을 알아보아야 해요. 말씀을 구속사로 해석하는 것은 '옳고 그름'을 논하는 것이 아니라 '하나님의 관점, 곧 구원의 관점'으로 성경을 보는 것이죠. 매 과의 '구속사로 생각하기'는 성경을 구속사적인 관점으로 보는 데 큰 도움이 될 거예요.

네 번째 단계는 '돌아보기'(Nursing, 널싱)입니다.

말씀으로 주님을 만나고, 하나님의 관점으로 말씀을 해석한 다음에는 스스로 말씀을 깨닫는 훈련을 해야 해요. 주제 도서를 읽고 독후감을 쓰는 동안 매 과의 주제가 좀 더 명확해질 거예요. 깨달은 말씀에 비추어 자신을 돌아보고, 더 나아가 지체와 공동체를 돌아보게 되죠. 내가 먼저 양육이 되면 손과 발, 시간과 재물이 가는 '적용'을 하게 되고, 다른 사람을 돌보며 공동체를 섬기는 데까지 나아가게 됩니다.

마지막 단계는 '살아내기'(Keeping, 키핑)입니다.

깨달은 말씀을 마음에 새기고 구체적이고 실제적으로 살아갈 때, 자신과 가정, 공동체를 지킬 수 있어요. 일주일간 《청소년 큐티인》(큐티엠 발행 격월간 QT지)을 활용하여 큐티를 하고, 매주 주제에 맞는 생활 숙제를 하다 보면 삶의 변화를 경험하게 될 거예요. 이렇게 날마다 큐티를 하면서 그날그날의 말씀으로 살아가고, 말씀을 지키는 삶이야말로 가정과 공동체를 지켜 나가는 삶입니다.

THINK 청소년양육은 성경 지식을 가르치고 배우는 시간이 아니라 서로의 삶을 나누고 예수 그리스도를 본받는 훈련이에요. 신앙고백으로 시작해 하나님, 예수님, 성령님에 대해 생각하고 나누며, 하나님 자녀로서의 삶을 실제적으로 배우면서 자기 자신을 직면하게 되죠. THINK 청소년양육을 통해 큐티와 기도 생활, 예배 생활이 자연스럽게 삶에 녹아들어서 말씀으로 믿고 살고 누리는 여러분이 되시기를 바랍니다.

큐티엠 대표
김양래

THINK 청소년양육 2 지침

1. THINK 청소년양육은 성경 지식을 가르치고 배우는 시간이 아니라 믿음의 관계 안에서 말씀으로 삶을 나누고 예수 그리스도를 본받는 훈련이에요. 가장 중요한 것은 관계의 질서에 순종하는 것입니다. 양육해 주시는 선생님의 말씀에 순종하세요 ^^

2. 교재를 미리 읽고, 주제 큐티 본문을 충분히 묵상한 뒤 양육에 참여하세요.

3. 양육 기간에는 큐티와 기도 생활, 생활예배를 결단하고 습관화해야 합니다. 하루의 시작뿐 아니라 모든 시작과 끝에 말씀 묵상이 있어야 합니다. 내게 약속하신 말씀이 이루어지는 THINK 청소년양육이 되기를 기도하세요.

4. 자신의 연약함을 감추려 하지 말고 진솔하게 나누세요. 주님이 말씀하시는 어떤 말씀도 겸손하게 받아들일 수 있도록 기도하고 공동체에 나누며 하나님의 도우심을 구하세요.

5. 늘 시간을 엄수하기 바랍니다. 시간의 주인은 예수님입니다. 시간을 소홀히 여기는 것은 예수님을 가벼이 여기는 것이에요.

6. 양육 중에는 말씀 나눔 외에 다른 어떤 것에도 마음을 빼앗기지 않도록 주의해야 합니다. 휴대폰은 꺼 두거나 진동으로 해 두고 양육에 집중해 주세요.

7. 양육 기간 중에 주어진 과제를 성실하게 해 주세요. 양육에 최선을 다하는 만큼 나의 가치관도 말씀과 가까워집니다.

차례

인사말 • 2

THINK 청소년양육 2 지침 • 6

01 사명: 부르심 • 10

02 듣는 마음: 하나님의 지혜 • 20

03 구속사: 그는 나보다 옳도다 • 32

04 기도: 기복을 넘어 팔복으로 • 42

05 예배: 영적 예배 • 54

※ 일부 주제 큐티 예시 필자의 이름은 본인의 요청으로 필명을 사용했음을 밝힙니다.

06 섬김: 내 하나님 성전의 문지기 • 64

07 주일과 예배: 안식일 • 74

08 신결혼: 구별된 결혼 • 86

과제물 점검표 '하나님 앞에서' • 96

THINK 청소년양육 2 과제목록표 • 98

성구 암송 • 99

01
사명

부르심

THINK

01 사명
- 부르심

마음 열기 Telling
마음을 열고 생각을 나누는 시간

- 많은 사람 중에서 내가 선택을 받아 본 적이 있나요?
- 지난 주일의 설교를 듣고 느낀 점을 나눠 보세요.

말씀 읽기 Holifying
주님을 만나는 묵상의 시간

하나님은 시대마다 하나님의 사람을 부르시고 사명을 주십니다. 특히 청소년기는 자신의 인생을 고민하면서 많은 것을 준비하는 때입니다. 하나님의 부르심에 관심이 없는 사람은 세상이 말하는 대로, 자기가 원하는 대로 인생을 계획합니다. 하지만 나를 이 땅에 보내시기 전부터 나를 구별하여 부르신 하나님의 계획을 아는 사람은 나의 뜻과 계획이 아닌 하나님의 뜻과 계획을 인생의 목적으로 두게 됩니다.

주제 본문

예레미야 1:1-10

1 베냐민 땅 아나돗의 제사장들 중 힐기야의 아들 예레미야의 말이라 2 아몬의 아들 유다 왕 요시야가 다스린 지 십삼 년에 여호와의 말씀이 예레미야에게 임하였고 3 요시야의 아들 유다의 왕 여호야김 시대부터 요시야의 아들 유다의 왕 시드기야의 십일년 말까지 곧 오월에 예루살렘이 사로잡혀 가기까지 임하니라 4 여호와의 말씀이 내게 임하니라 이르시되 5 내가 너를 모태에 짓기 전에 너를 알았고 네가 배에서 나오기 전에 너를 성별하였고 너를 여러 나라의 선지자로 세웠노라 하시기로 6 내가 이르되 슬프도소이다 주 여호와여 보소서 나는 아이라 말할 줄을 알지 못하나이다 하니 7 여호와께서 내게 이르시되 너는 아이라 말하지 말고 내가 너를 누구에게 보내든지 너는 가며 내가 네게 무엇을 명령하든지 너는 말할지니라 8 너는 그들 때문에 두려워하지 말라 내가 너와 함께 하여 너를 구원하리라 나 여호와의 말이니라 하시고 9 여호와께서 그의 손을 내밀어 내 입에 대시며 여호와께서 내게 이르시되 보라 내가 내 말을 네 입에 두었노라 10 보라 내가 오늘 너를 여러 나라와 여러 왕국 위에 세워 네가 그것들을 뽑고 파괴하며 파멸하고 넘어뜨리며 건설하고 심게 하였느니라 하시니라

해석하기 | Interpreting
구속사로 생각하기

1. 부르심의 첫 번째 자격은 말씀이 들리는 것입니다. 18세 정도밖에 되지 않은 예레미야에게 하나님의 말씀이 들립니다. 듣기에 힘든 말씀이라도 그 이야기가 내 이야기로 들리는 것, 말씀이 내 눈높이에서 들리게 되는 것이 바로 부르심입니다.

2. 내 모든 인생은 하나님이 모태에 짓기 전부터 정해진 인생입니다. 그렇기에 함부로 살아서는 안 되는 인생입니다. 이것을 아는 것이 바로 부르심입니다. 세상과 다른 구별된 가치관으로 행복이 아닌 거룩을 향해 나아가는 것이 부르심에 합당한 삶입니다.

3. 사명은 내가 원한다고 받을 수 있는 것이 아니라 하나님이 불러 주시는 것입니다. 내가 아무리 부족하고 자격이 없다 느껴져도 하나님은 나를 키워 가시고, 내게 주신 사명도 키워 가십니다. 결과는 하나님이 주관하시니 나는 그저 순종하기만 하면 됩니다.

주제 본문 큐티 예시

예레미야 1:1-10

주가 쓰시겠다면

고2 김예찬

본문 요약

이스라엘이 혼란스러운 때에 하나님의 말씀이 예레미야에게 임합니다. 하나님이 예레미야를 선지자로 부르시자 예레미야는 자신은 아이와 같다고 하며 두려워합니다. 하나님은 그런 예레미야에게 용기를 북돋아 주시고 그의 입에 말씀을 두겠다고 약속하십니다.

질문하기

1. 왜 하나님은 예레미야에게 "너를 성별하였다"고 말씀하셨을까요? (5절)
2. 왜 예레미야는 하나님께 "나는 아이라"라고 대답했을까요? (6절)

묵상하기

저는 띠동갑 나이 차이가 있는 누나가 두 명이나 있는 가정에서 늦둥이로 태어났습니다. 계속 딸만 낳으신 엄마는 하나님께 "아들을 낳으면 목사가 되게 하겠다"는 서원을 하셨다고 합니다. 큐티를 하면서 엄마의 그 서원이 생각났습니다. "내가 너를 모태에 짓기 전에 너를 알았고 네가 배에서 나오기 전에 너를 성별하였고 너를 여러 나라의 선지자로 세웠노라"(5절) 하신 말씀이 딱 제게 하시는 말씀으로 들립니다.

그럼에도 저는 안정된 직업을 가지고 편안한 인생을 살고자 하는 안일함에 갇혀 있음을 보게 됩니다. 사실 저는 주님께 쓰임 받는 것보다는 안락하고 보장된 미래에 더 관심이 많습니다. 요즘 도서관에 가서 공부하는데, 도서관에서 사서로 근무하는 것이 제일 편한 직업인 것처럼 보여 '도서관 사서'가 장래 희망이 되었습니다. 40대까지는 평범한 직장인으로 살다가 50대쯤 목사의 길을 가면 사회 경험도 많아 목회에 도움도 되고, 경제적으로 안정된 상태이니 목회를 잘할 수 있을 것 같다는 생각도 들었습니다. 이렇게 저는 목회조차 하나님의 부르심보다 내 한 몸 편안함을 먼저 생각하며 계산적으로 접근하는 이기적인 사람입니다.

예레미야는 하나님의 부르심을 받고 "슬프도소이다 주 여호와여 보소서 나는 아이라 말할 줄을 알지 못하나이다"라고 대답합니다(6절). 예레미야가 핑계 대는 모습이 꼭 제 모습 같다는 생각이 듭니다. 저도 "슬픕니다, 주님. 보세요. 저는 편안하고 안정된 삶만을 추구하는 이기적인 아이에 불과합니다"라고 핑계 대고 있습니다.

그러나 주님은 "너는 아이라 말하지 말고 내가 너를 누구에게 보내든지 너는 가며 내가 네게 무엇을 명령하든지 너는 말할지니라"라고 예레미야에게 말씀하십니다(7절). 저의 연약함을 다 아시고 그 모습 그대로 사용하시겠다는 주님의 음성으로 들립니다. 이 말씀이 들리니 주님의 음성을 들으려 하기보다 늘 안락함과 편안함에 안주하려는 죄가 깨달아집니다. 이제는 "너를 선지자로 세웠노라"고 하시는 주님의 음성을 거절하지 않고 주님의 손을 꼭 잡겠다고 결단해 봅니다. 하나님의 영광을 드러내는 데 조금이라도 쓰임 받을 수 있다면, 그것을 제 인생 최고의 목표로 삼고 싶습니다.

적용하기
- 편안한 직업만 구하려 하지 않고 하나님께 진로를 놓고 기도하겠습니다.
- 공부를 시작하기 전에 큐티와 기도를 먼저 하겠습니다.

기도하기
제 연약함을 핑계로 안정되고 편안한 삶만을 인생의 목표로 삼았던 것을 회개해요. 어리고 약하지만 말씀을 듣고 적용한 예레미야처럼 저도 주님의 부르심에 순종하여 사람을 살리는 사명을 감당해 나가는 주의 자녀가 되게 해 주세요.

돌아보기 Nursing
주제 도서 읽고 나누기

- 《천로역정》(존 버니언, 포이에마, 2011) 1~7장을 읽고 독후감을 작성해 보세요.

살아내기 Keeping
한 주의 실천 과제와
매일 큐티

- 학생으로서, 한 가정의 자녀로서 불러 주심에 순종하여 이번 한 주간 적용해야 할 것들을 구체적으로 적고 지켜 보세요.
- 이번 한 주 큐티를 하며 기억나는 말씀을 나눠 보세요.

성구 암송과 교리 요약

내가 너를 모태에 짓기 전에 너를 알았고 네가 배에서 나오기 전에 너를 성별하였고 너를 여러 나라의 선지자로 세웠노라 하시기로 **예레미야 1:5**

들기에 힘든 말씀이라도 그것이 내 이야기로 들리는 것, 말씀이 내 눈높이에서 들리게 되는 것이 부르심, 곧 사명입니다. 세상과 다른 구별된 가치관으로 행복이 아닌 거룩을 향해 나아가는 것이 바로 부르심에 합당한 삶입니다.

02 듣는 마음

하나님의 지혜

THINK

02 | 듣는 마음
- 하나님의 지혜

마음 열기 Telling
마음을 열고 생각을 나누는 시간

- 지금까지 살아오면서 가장 결정하기 힘들었던 문제는 무엇인가요?
- 지난 주일의 설교를 듣고 느낀 점을 나눠 보세요.

말씀 읽기 Holifying
주님을 만나는 묵상의 시간

우리는 인생에서 수많은 결정을 하면서 살아갑니다. 그래서 철학자 샤르트르는 "인간의 삶은 B(birth: 탄생)와 D(death: 죽음) 사이에 있는 C(choice: 선택)로 이루어져 있다"고 말했습니다. 무엇을 선택하느냐에 따라서 나의 인생이 달라집니다. 솔로몬은 하나님이 "무엇을 해 주기 원하느냐"고 물었을 때 '듣는 마음'을 달라고 구했습니다(왕상 3:4-9). 겸손히 듣는 마음과 차별하지 않는 마음이 곧 하나님의 지혜이고, 하나님은 그 지혜로 사람을 살리는 선택을 하도록 도우십니다.

주제 본문
열왕기상 3:16-28

16그 때에 창기 두 여자가 왕에게 와서 그 앞에 서며 **17**한 여자는 말하되 내 주여 나와 이 여자가 한집에서 사는데 내가 그와 함께 집에 있으며 해산하였더니 **18**내가 해산한 지 사흘 만에 이 여자도 해산하고 우리가 함께 있었고 우리 둘 외에는 집에 다른 사람이 없었나이다 **19**그런데 밤에 저 여자가 그의 아들 위에 누우므로 그의 아들이 죽으니 **20**그가 밤중에 일어나서 이 여종 내가 잠든 사이에 내 아들을 내 곁에서 가져다가 자기의 품에 누이고 자기의 죽은 아들을 내 품에 뉘었나이다 **21**아침에 내가 내 아들을 젖 먹이려고 일어나 본즉 죽었기로 내가 아침에 자세히 보니 내가 낳은 아들이 아니더이다 하매 **22**다른 여자는 이르되 아니라 산 것은 내 아들이요 죽은 것은 네 아들이라 하고 이 여자는 이르되 아니라 죽은 것이 네 아들이요 산 것이 내 아들이라 하며 왕 앞에서 그와 같이 쟁론하는지라 **23**왕이 이르되 이 여자는 말하기를 산 것은 내 아들이요 죽은 것은 네 아들이라 하고 저 여자는 말하기를 아니라 죽은 것이 네 아들이요 산 것이 내 아들이라 하는도다 하고 **24**또 이르되 칼을 내게로 가져오라 하니 칼을 왕 앞으로 가져온지라 **25**왕이 이르되 산 아이를 둘로 나누어 반은 이 여자에게 주고 반은 저 여자에게 주라 **26**그 산 아들의 어머니 되는 여자가 그 아들을 위하여 마음이 불붙는 것 같아서 왕께 아뢰어 청하건대 내 주여 산 아이를 그에게 주시고 아무쪼록 죽이지 마옵소서 하되 다른 여자는 말하기를 내 것도 되게 말고 네 것도 되게 말고 나누게 하라 하는지라 27 왕이 대답하여 이르되 산 아이를 저 여자에게 주고 결코 죽이지 말라 저가 그의 어머니이니라 하매 28 온 이스라엘이 왕이 심리하여 판결함을 듣고 왕을 두려워하였으니 이는 하나님의 지혜가 그의 속에 있어 판결함을 봄이더라

해석하기 Interpreting
구속사로 생각하기

1. 솔로몬은 종의 모습으로 겸손히 하나님 앞에서 듣는 마음을 구했습니다. 그리고 사회적으로 무시당하던 창기들도 차별하지 않고 그 이야기를 들어주며 재판에 응했습니다. 듣는 마음은 사랑에서 나옵니다. 사랑하면 듣고 싶어집니다. 하나님의 지혜는 겸손히 듣는 마음이며, 차별하지 않는 마음입니다.

2. 성경을 구속사로 보아야 적용할 점을 찾을 수 있습니다. 모든 것을 소유로 바라보지 말고 구원의 관점에서 생명으로 바라보아야 합니다. 구속사는 이타적인 것입니다. 다른 사람의 구원을 위해서 내가 죽는 것을 의미합니다. 친엄마처럼 자식을 살리고자 자신을 포기하는 사랑이 바로 구속사적인 사랑입니다.

3. 솔로몬은 인간의 본능을 꿰뚫었기에 살아 있는 아이를 반토막 내라고 명령을 내립니다. 냉정한 명령이지만 하나님께 듣는 마음을 구하니 사람의 마음을 꿰뚫어 보는 지혜를 주셨습니다. 하나님을 알면 사람이 보입니다. 사람이 알 수 없는 것을 하나님이 알게 하시는 것이 바로 하나님의 지혜입니다.

주제 본문 큐티 예시

열왕기상 3:16-28

지혜로운 조언

중3 김서영

본문 요약

두 여인이 낳은 아들 중 하나가 죽자, 서로 "산 아이가 내 아이다" 하며 쟁론합니다. 솔로몬은 "산 아이를 둘로 나누어 반씩 주라"고 명령하고, 이에 "아이를 죽이지 말라"고 간청하는 여인이 진짜 어머니라고 판결합니다. 하나님의 지혜가 있는 왕을 온 백성이 두려워합니다.

질문하기

1. 왜 두 여인은 서로 쟁론했을까요? (22절)
2. 왜 사람들은 솔로몬의 판결을 보고 두려워했을까요? (28절)

묵상하기

저는 기독교 대안학교를 다닙니다. 제가 다니는 학교의 특성상 한 살 많은 언니, 오빠들과 공부를 같이 하기도 합니다. 언니, 오빠들이다 보니 저는 어느 정도 예의를 지키려 노력했습니다. 그런데 친한 학교 언니와 이유도 없이 일주일 동안 서로 모른 척하게 되는 일이 있었습니다. 그 일주일 동안 아무 이유 없이 저를 없는 사람 취급하는 언니가 많이 짜증 나고 화가 났습니다. 또 언니가 제게 신경질적으로 무언가를 시킬 때마다 자존심이 상해 '본인은 얼마나 잘났

길래' 하는 마음을 품으면서도 앞에서는 아무렇지 않은 척했습니다. 그러면서 '잘못한 게 있으면 말을 해 주던가, 언니라고 내가 너무 잘 따라 줘서 그런가?' 라는 생각으로 지옥 같은 일주일을 보냈습니다.

    엄마는 이런 제 마음을 위로해 주시며 언니와 대화를 해 보라고 여러 차례 조언하셨습니다. 그런데 언니가 저와 대화하지 않을까 봐, 혹은 저와 화해하고 싶은 마음이 없을까 봐 두려워 그 조언을 무시했습니다. 그러던 중 엄마에게 보내려던 문자가 실수로 그 언니에게 전송됐습니다. 문자의 내용은 '○○○ 짜증 나 ㅋㅋㅋ'이었습니다. 언니라는 호칭도 쓰지 않은 채 짜증 난다고 표현한 문자를 언니에게 보낸 저는 식겁하여 '내일 머리채 잡히겠구나' 하는 심정이었습니다. 이 일을 엄마에게 말하니 "언니와 직접 대면하라고 하나님이 그렇게 인도하신 거야"라고 말씀하셨습니다.

    언니는 제 문자를 보고도 아무런 답을 하지 않았습니다. 결국 다음 날 제가 먼저 언니에게 이야기 좀 하자고 했습니다. 대화를 해 보니 서로가 무시하게 된 이유는 각자의 오해 때문이었음을 알게 되었습니다. 화해하고 나니 마음이 정말 편해졌고 '왜 진작 대화를 하지 않았을까' 하며 후회했습니다. 화해하고 나서 알게 된 것이지만, 언니는 학교 선생님과 언니의 부모님께 문자 내용을 알렸고, "아무런 답을 하지 말라"고 하셔서 화가 많이 났지만 참았다고 합니다. 저와 언니는 서로 사과하고 예전처럼 다시 사이가 좋아졌습니다.

    사람들은 하나님의 지혜가 솔로몬에게 있는 것을 보고 두려워했다고 합니다(28절). 저는 말을 꺼내기가 두려워 언니와의 대화를 미루었지만 엄마의 조언에 사실 하나님의 지혜가 담겨 있었음을 깨닫습니다. 하나님이 그렇게 인도하신 것이라는 말씀에 용기를 내어 언니에게 말을 꺼낼 수 있었기 때문입니다. 이제는 믿음의 본을 보이며 조언해 주시는 엄마의 말씀에 순종하는 것을 하나님의 뜻으로 여기며 무시하지 않겠습니다. 또 친구들과의 관계가 좋지 않을 때 대화를 시도할 수 있는 용기 있는 자가 되고 싶습니다.

적용하기
- 오해가 쌓여 사이가 멀어진 친구에게 편지를 쓰겠습니다.
- 친구 관계에서 문제가 생기면 그날의 큐티 본문을 읽으며 지혜를 달라고 기도하겠습니다.

기도하기
어색한 관계가 힘들다고 대화를 회피하며 관계를 단절하려고만 했던 이기적인 모습을 회개해요. 엄마의 조언을 듣고도 무시하며 제 주장만 했던 것도 회개해요. 이제는 힘든 관계를 회피하며 상황을 모면하려고 하기보다 하나님의 지혜로 분별하며 화해를 이루어 갈 수 있도록 도와주세요.

돌아보기 | Nursing
주제 도서 읽고 나누기

- 《천로역정》(존 버니언, 포이에마, 2011) 8~15장을 읽고 독후감을 작성해 보세요.

살아내기 | Keeping
한 주의 실천 과제와 매일 큐티

- 내 욕심으로 사이가 멀어진 친구들이나 가족들에게 진심을 담아 편지를 써 보세요.
- 이번 한 주 큐티를 하며 기억나는 말씀을 나눠 보세요.

성구 암송과 교리 요약

온 이스라엘이 왕이 심리하여 판결함을 듣고 왕을 두려워하였으니 이는 하나님의 지혜가 그의 속에 있어 판결함을 봄이더라 **열왕기상 3:28**

듣는 마음은 사랑에서 나옵니다. 겸손히 듣는 마음과 차별하지 않는 마음이 곧 하나님의 지혜이며, 하나님은 그 지혜로 사람을 살리는 선택을 하도록 도우십니다. 사람이 알 수 없는 것을 하나님이 알게 하시는 것이 바로 하나님의 지혜입니다.

MEMO

03 구속사

그는 나보다 옳도다

THINK

03 구속사
- 그는 나보다 옳도다

마음 열기 Telling
마음을 열고 생각을
나누는 시간

- 내가 몰래 잘못한 것이 다른 누군가에 의해 드러난 적이 있나요?
- 지난 주일의 설교를 듣고 느낀 점을 나눠 보세요.

말씀 읽기 Holifying
주님을 만나는 묵상의 시간

우리는 종종 내가 옳다고만 생각하면서 살아갑니다. 내가 옳다는 생각을 내려놓지 못하면 나의 결정적인 악이 드러나게 됩니다. 수치가 드러나야 "내 책임이고 네가 옳다"고 인정하게 됩니다. 인간은 100% 죄인이고, 하나님은 언제나 100% 옳으신 분입니다. 하나님이 나보다 옳으심을 인정하며 모든 수치를 무릅쓰고 나의 죄와 연약함을 고백하면 하나님은 나를 살려 주시고 구속사의 계보에 이름을 올려 주십니다.

주제 본문

창세기 38:12-30

12얼마 후에 유다의 아내 수아의 딸이 죽은지라 유다가 위로를 받은 후에 그의 친구 아둘람 사람 히라와 함께 딤나로 올라가서 자기의 양털 깎는 자에게 이르렀더니 **13**어떤 사람이 다말에게 말하되 네 시아버지가 자기의 양털을 깎으려고 딤나에 올라왔다 한지라 **14**그가 그 과부의 의복을 벗고 너울로 얼굴을 가리고 몸을 휩싸고 딤나 길 곁 에나임 문에 앉으니 이는 셀라가 장성함을 보았어도 자기를 그의 아내로 주지 않음으로 말미암음이라 **15**그가 얼굴을 가리었으므로 유다가 그를 보고 창녀로 여겨 **16**길 곁으로 그에게 나아가 이르되 청하건대 나로 네게 들어가게 하라 하니 그의 며느리인 줄을 알지 못하였음이라 그가 이르되 당신이 무엇을 주고 내게 들어오려느냐 **17**유다가 이르되 내가 내 떼에서 염소 새끼를 주리라 그가 이르되 당신이 그것을 줄 때까지 담보물을 주겠느냐 **18**유다가 이르되 무슨 담보물을 네게 주랴 그가 이르되 당신의 도장과 그 끈과 당신의 손에 있는 지팡이로 하라 유다가 그것들을 그에게 주고 그에게로 들어갔더니 그가 유다로 말미암아 임신하였더라 **19**그가 일어나 떠나가서 그 너울을 벗고 과부의 의복을 도로 입으니라 **20**유다가 그 친구 아둘람 사람의 손에 부탁하여 염소 새끼를 보내고 그 여인의 손에서 담보물을 찾으려 하였으나 그가 그 여인을 찾지 못한지라 **21**그가 그 곳 사람에게 물어 이르되 길 곁 에나임에 있던 창녀가 어디 있느냐 그들이 이르되 여기는 창녀가 없느니라 22 그가 유다에게로 돌아와 이르되 내가 그를 찾지 못하였고 그 곳 사람도 이르기를 거기에는 창녀가 없다 하더이다 하더라 23 유다가 이르되 그로 그것을 가지게 두라 우리가 부끄러움을 당할까 하노라 내가 이 염소 새끼를 보냈으나 그대가 그를 찾지 못하였느니라 24 석 달쯤 후에 어떤 사람이 유다에게 일러 말하되 네 며느리 다말이 행음하였고 그 행음함으로 말미암아 임신하였느니라 유다가 이르되 그를 끌어내어 불사르라 25 여인이 끌려나갈 때에 사람을 보내어 시아버지에게 이르되 이 물건 임자로 말미암아 임신하였나이다 청하건대 보소서 이 도장과 그 끈과 지팡이가 누구의 것이니이까 한지라 26 유다가 그것들을 알아보고 이르되 그는 나보다 옳도다 내가 그를 내 아들 셀라에게 주지 아니하였음이로다 하고 다시는 그를 가까이 하지 아니하였더라 27 해산할 때에 보니 쌍태라 28 해산할 때에 손이 나오는지라 산파가 이르되 이는 먼저 나온 자라 하고 홍색 실을 가져다가 그 손에 매었더니 29 그 손을 도로 들이며 그의 아우가 나오는지라 산파가 이르되 네가 어찌하여 터뜨리고 나오느냐 하였으므로 그 이름을 베레스라 불렀고 30 그의 형 곧 손에 홍색 실 있는 자가 뒤에 나오니 그의 이름을 세라라 불렀더라

해석하기 Interpreting

구속사로 생각하기

1. 자기 죄를 인식하지 못하면 인정하기란 더더욱 어렵습니다. 내가 옳다고만 생각하는 사람은 다른 사람들이 늘 틀렸다고 생각하기에 끊임없이 정죄합니다. 회개의 반대는 책임 전가입니다. 자신의 본질적인 악을 보지 못하고, 두 아들의 죽음에 대한 책임을 며느리에게 돌리고, 담보물을 찾지 못한 책임도 친구에게 전가하는 악한 사람이 유다입니다.

2. 유다는 다말의 행위로 약속과 언약을 깨닫고 드디어 회개합니다. "그는 나보다 옳도다"라는 고백은 "하나님이 옳으십니다"라는 고백과도 같습니다. 유다는 다말을 셀라에게 주지 않은 죄를 공동체 앞에서 고백하며, 다말이 창기로 변장하여 자신을 속이고 임신한 일이 자신이 저지른 잘못에 비해 훨씬 낫다고 고백합니다.

3. 다말을 인정하고 죄를 회개한 유다는 다윗과 예수님의 조상이 되어 구속사의 계보에 찬란히 이름을 올립니다. 하나님은 "네가 나보다 옳도다"라고 고백하는 사람을 인정하고 세워 주십니다.

주제 본문 큐티 예시

창세기 38:12-30

재난이 변하여 구원으로   고1 김태형

본문요약

다말은 셀라가 장성하였음에도 유다가 자기를 그의 아내로 주지 않자, 창녀로 변장하여 유다에게 다가갑니다. 유다와의 동침으로 임신한 다말은 행음을 행했다는 오해를 받고 죽을 위기에 놓이자 유다가 준 담보물을 보이며 그 물건 임자로 말미암아 임신하였음을 알립니다. 그제야 유다는 "그는 나보다 옳도다" 하며 자신의 잘못을 인정합니다.

질문하기

1. 왜 유다는 다말을 불사르라고 화를 냈을까요? (24절)
2. 왜 유다는 다말에게 "그는 나보다 옳도다"라고 말했을까요? (26절)

묵상하기

제가 어렸을 때 부모님이 이혼하시면서 저는 작은 고모 댁에서 자라게 되었습니다. 그래서 작은 고모와 작은 고모부가 부모님인 줄 알고 자랐습니다. 형은 큰 고모 댁에서 지냈으며, 저는 격주에 한 번꼴로 아빠와 함께 할아버지와 형을 보러 지방으로 내려갔습니다. 그래서 아빠랑 친하게 지낼 수 있었고 아빠를 아빠라고 부를 수 있었습니다.

초등학교 5학년 봄방학 때 부모님의 노력으로 엄마를 처음 만났습니다. 연락도 없던 엄마가 갑자기 나타나 지금까지 지내온 제 삶을 어지럽히는 것 같아서 원망스러웠고 이해가 되지 않았습니다. 시간이 얼마 지나지 않아 아빠와 엄마는 재결합하셨고 지방에 있던 형도 함께 살게 되었습니다. 따로 살던 시간이 길다 보니 저와 엄마는 각자의 기준으로 서로를 이해하지 못했습니다. 고모까지 자신의 기준에 맞추려고 하시다 보니 갈등이 커져 가족 간에 불화도 생겼습니다. 아빠는 매일 술을 마시고 들어오셔서 가족을 깨우시는 바람에 아빠와 엄마의 관계도 나빠졌습니다. 그래서 다말에게 불같이 화를 낸 유다처럼, 엄마가 가족을 힘들게 한다고 생각하며 속으로 미워하고 무시했습니다(24절).

그러던 와중에 엄마의 전도로 교회에 가게 됐습니다. 저는 종교가 없었고 신앙을 강요당해 강제로 교회에 가는 것이 싫어 어떻게든 안 가려고 버텼습니다. 교회 갈 시간에 차라리 친구들과 노는 것이 낫다고 생각하며 친구들을 제 마음의 쉼터로만 여겼습니다. 하지만 엄마가 끊임없이 노력하시고 저를 대하는 태도가 바뀌시는 것을 보고 교회에 다녀 보기로 마음먹었습니다. 처음에는 아무것도 알지 못해 핸드폰만 봤지만 교회 수련회에서 담당 선생님의 지도를 따르고 친구들이 진심으로 기도해 준 덕분에 하나님을 만나게 됐습니다. 엄마의 계속된 전도로 온 가족이 교회에 나와 서로 자기 의견만 내세우던 모습을 버리고 이해하면서 가족 간의 갈등도 줄어들었습니다. 처음엔 몰랐지만 교회 선생님의 말씀을 듣고 나니 '엄마가 우리 가족을 위해 굉장히 노력하셨구나' 하고 깨달아졌습니다. 그러고 나니 저를 교회로 이끌어 신앙을 갖게 해 준 "엄마가 나보다 옳도다"라는 고백이 나오게 되었습니다(26절).

　모든 것이 다 하나님의 은혜로 해결되고 고난이 없어지니 다시금 하나님을 덜 찾게 되고 핸드폰을 우상으로 섬기는 모습도 보입니다. 회개한 후 다시는 다말을 육적으로 가까이하지 않고 경계를 지킨 유다처럼 저도 구원의 은혜를 기억하며 핸드폰에 미혹되지 않고 다시금 하나님을 온전히 섬길 수 있기를 기도합니다(26절).

적용하기
- 예배 시간에 핸드폰을 보지 않고 설교 노트를 작성하겠습니다.
- 부모님이 잔소리하셔도 짜증 내지 않고 순종하겠습니다.

기도하기
깨어진 저희 가정을 다시금 하나 될 수 있게 인도해 주셔서 감사해요. 특히 엄마의 섬김을 통해 저희 가정에 구원의 은혜를 부어 주시니 감사해요. 저만 옳다는 생각을 버리고 매사에 하나님의 옳으심을 인정할 수 있게 도와주세요. 구원의 은혜를 항상 잊지 않고 날마다 하나님 앞으로 더 가까이 가는 제가 되길 원해요.

돌아보기 | Nursing
주제 도서 읽고 나누기

- 《날마다 큐티하는 청소년》(김양재, QTM) 1장을 읽고 독후감을 작성해 보세요.

살아내기 | Keeping
한 주의 실천 과제와 매일 큐티

- "부모님이 저보다 옳으세요"라고 고백하면서 아버지와 어머니의 발을 씻겨 드리세요(세족식).
- 이번 한 주 큐티를 하며 기억나는 말씀을 나눠 보세요.

성구 암송과 교리 요약

유다가 그것들을 알아보고 이르되 그는 나보다 옳도다 내가 그를 내 아들 셀라에게 주지 아니하였음이로다 하고 다시는 그를 가까이 하지 아니하였더라 **창세기 38:26**

인간은 100% 죄인이며, 하나님은 언제나 100% 옳으신 분입니다. "그는 나보다 옳도다"라는 고백은 "하나님이 100% 옳으십니다"라는 고백입니다. 하나님이 나보다 옳으심을 인정하며 나의 죄와 연약함을 고백하면 하나님은 나를 구속사의 계보에 이름을 올려 주십니다.

MEMO

04 기도

기복을 넘어 팔복으로

THINK

04 | 기도
- 기복을 넘어 팔복으로

마음 열기 Telling
마음을 열고 생각을
나누는 시간

- 하나님이 내게 단 한 가지 소원을 들어주겠다고 하시면 무엇을 구하고 싶나요?
- 지난 주일의 설교를 듣고 느낀 점을 나눠 보세요.

말씀 읽기 Holifying
주님을 만나는 묵상의 시간

하나님은 내게 필요한 것을 주시는 분이지만 내가 구하는 모든 것을 주시지는 않습니다. 하나님을 요술 방망이 정도로 생각하고 있다면 내가 구하는 것을 받지 못할 때 하나님께 실망할 수밖에 없습니다. 내가 드려야 할 기도는 내 필요만을 구하는 기복적인 기도가 아니라 하나님의 말씀대로 구하는 팔복의 기도입니다 (마5:3-10). 내 뜻보다 하나님의 뜻이 이루어지게 해 달라고 기도할 때 하나님은 나의 필요를 정확히 채워 주십니다.

주제 본문
마태복음 20:17-28

17 예수께서 예루살렘으로 올라가려 하실 때에 열두 제자를 따로 데리시고 길에서 이르시되 18 보라 우리가 예루살렘으로 올라가노니 인자가 대제사장들과 서기관들에게 넘겨지매 그들이 죽이기로 결의하고 19 이방인들에게 넘겨 주어 그를 조롱하며 채찍질하며 십자가에 못 박게 할 것이나 제삼일에 살아나리라 20 그 때에 세베대의 아들의 어머니가 그 아들들을 데리고 예수께 와서 절하며 무엇을 구하니 21 예수께서 이르시되 무엇을 원하느냐 이르되 나의 이 두 아들을 주의 나라에서 하나는 주의 우편에, 하나는 주의 좌편에 앉게 명하소서 22 예수께서 대답하여 이르시되 너희는 너희가 구하는 것을 알지 못하는도다 내가 마시려는 잔을 너희가 마실 수 있느냐 그들이 말하되 할 수 있나이다 23 이르시되 너희가 과연 내 잔을 마시려니와 내 좌우편에 앉는 것은 내가 주는 것이 아니라 내 아버지께서 누구를 위하여 예비하셨든지 그들이 얻을 것이니라 24 열 제자가 듣고 그 두 형제에 대하여 분히 여기거늘 25 예수께서 제자들을 불러다가 이르시되 이방인의 집권자들이 그들을 임의로 주관하고 그 고관들이 그들에게 권세를 부리는 줄을 너희가 알거니와 26 너희 중에는 그렇지 않아야 하나니 너희 중에 누구든지 크고자 하는 자는 너희를 섬기는 자가 되고 27 너희 중에 누구든지 으뜸이 되고자 하는 자는 너희의 종이 되어야 하리라 28 인자가 온 것은 섬김을 받으려 함이 아니라 도리어 섬기려 하고 자기 목숨을 많은 사람의 대속물로 주려 함이니라

해석하기 Interpreting

구속사로 생각하기

1. 예수님은 마지막까지 제자들에게 십자가 고난을 말씀하십니다. 인생의 목적은 행복이 아니라 거룩임을 가르치시고자 자신의 죽음을 말씀하시며 제자들을 가르치십니다. 내 인생의 목적이 분명하면 어떤 상황에서도, 심지어 죽음 앞에서도 천국을 누릴 수 있습니다.

2. 세베대의 아들 야고보와 요한은 예수님께 나아와 주의 나라에서 좌우편 자리에 앉게 해 달라고 요청합니다. 명분을 내세워 자신의 야망을 펼치고자 자리를 구한 것입니다. 아무리 포장해도 내 속의 야망은 드러나게 됩니다. 영광을 얻으려면 먼저 고난에 동참해야 합니다.

3. 예수님의 사명은 남을 섬기고 자신의 생명을 내어 주는 것입니다. 진정한 지도자에게는 종의 모습이 나타납니다. 다른 사람을 나보다 낫게 여기며 종의 마음으로 섬길 때 하나님은 오히려 나를 높이고 세워 주십니다.

주제 본문 큐티 예시

마태복음 20:17-28

무엇을 구하는지도 모르고 고2 오설희

본문 요약
예수님이 세 번째로 십자가 죽음과 부활을 예고하십니다. 그때에 야고보와 요한의 어머니가 찾아와 예수님께 세속적인 자리를 구하고, 열 제자는 두 형제를 분히 여깁니다. 그러나 예수님은 제자들을 불러 으뜸이 되려 하지 말고 섬기는 자와 종이 되어야 한다고 가르치십니다.

질문하기
1. 왜 세배대의 아들들은 예수님의 좌우편 자리를 구했을까요? (22절)
2. 왜 예수님은 섬기려고 이 땅에 오셨다고 말씀하셨을까요? (28절)

묵상하기
최근 학교에서 친구들끼리 싸운 일이 있었습니다. 저는 여섯 명의 친구와 함께 다니는데, 그중 세 명의 친구가 늘 끼리끼리 노는 것 같다는 생각에 불만이 많았습니다. 그러다 2학년이 되어 각자 다른 반으로 흩어지면서 그동안에 쌓인 감정이 결정적으로 터진 사건이 생겼습니다. 어느 날 그 세 명의 친구가 저희 반에 놀러 왔는데, 자기들끼리만 아는 이야기를 하며 저를 소외시키는 것 같아 마음이 불편했습니다. 저는 속상한 마음에 다른 친구에게 그 이야기를 했고, 평소 그 세 명에게 저와 같은 불만을 가졌던 친구도 제 말에 공감하며 결국 무리가 3대 3으로 나뉘게 되었습니다.

저희 세 명은 '저 친구들이 잘못했으니 쟤네가 먼저 사과해야 한다'는 마음으로 그 친구들을 무시했습니다. 끝내 그 친구들이 먼저 사과를 했지만, 저는 그중 한 친구가 저를 피하는 모습에 화가 나서 그 친구에게 메신저로 그동안 참아 왔던 말들을 공격적으로 퍼부었습니다. 그런데 그 친구에게서 돌아온 말이 저를 무척 놀라게 했습니다. "네가 그동안 힘들다며 내게 털어놓았던 얘기들 때문에 네 눈치가 보였고, 너 때문에 나도 무척 힘들었다"는 답이었습니다. 저는 평소 다른 친구들보다 그 친구에게 더 잘해 주었다고 생각했기에, 그 말을 듣고 마음의 상처를 받았습니다. 그리고 아직까지도 그 친구와의 어색한 관계가 해결되지 않은 채 불편한 문제로 남아 있습니다.

예수님은 인자가 온 것은 섬김을 받으려 함이 아니라 도리어 섬기러 온 것이라고 말씀하십니다(28절). 이 말씀을 묵상하니 제가 친구들에게 섬김만 받으려고 했다는 것이 깨달아집니다. 사실 어렸을 때부터 잘 참는 성격으로 자라온 저는 상담을 받으며 상담 선생님께 "네가 느낀 것을 자신 있게 말하라"는 처방을 받았습니다. 그래서 나름 용기를 내어 친구들에게 이런저런 이야기를 털어놓은 것인데, 그게 친구들에게 부담이 될 줄은 몰랐습니다. 저를 불편해하는 친구에게 오히려 공격적인 말을 하며 화를 퍼부었으니 제가 상황을 더 악화시킨 것 같습니다.

예수님은 "내가 마시려는 잔을 너희가 마실 수 있느냐"고 제자들에게 물어보십니다(22절). 저는 평소에 제 믿음이 신실하다고 생각했습니다. 만약 예수님이 저에게도 이 질문을 하신다면, 저도 "할 수 있나이다" 하면서 무엇을 구하는지도 모르고 대답했을 것입니다(22절). 그러나 신실하다고 자부하는 저의 실체는 친구들에게 혈기를 부리고 폭언하면서 '예수님의 잔을 마실 수 있다'고 착각하는 사람이었습니다. 저는 끝까지 친구들에게 사과하지 않고 저를 이해해 주기만 바랐습니다. 그것이 결국에는 다른 제자들보다 윗자리를 구하는 세배대의 아들들의 모습과 다르지 않다는 것을 깨닫습니다(21-22절). 이런 이기적인 저의 모습을 인정하고 회개합니다. 이제 누구든지 크고자 하는 자는 섬기는 자가 되라는 예수님의 말씀을 따라 제 죄를 먼저 보면서 친구들을 섬기는 제가 되겠습니다(26절).

적용하기
- 그 친구에게 사과하며 저의 죄를 고백하겠습니다.
- 그 친구의 마음을 돌려 주시기를 기도하겠습니다.

기도하기
예수님은 저에게 참된 하늘나라의 영광을 주시려고 저의 죄를 위해 대신 죽어 주셨는데, 저는 친구들과의 사이에서 오직 제 유익만을 구했어요. 제 기분만 생각하며 친구들에게 혈기를 부리며 폭언을 했던 저를 용서해 주세요. 이제는 저의 이기적인 모습을 내려놓고 어디에서든 먼저 섬기는 사람이 되길 원해요.

돌아보기 Nursing

주제 도서 읽고 나누기

- 《날마다 큐티하는 청소년》(김양재, QTM) 2~3장을 읽고 독후감을 작성해 보세요.

살아내기 Keeping

한 주의 실천 과제와
매일 큐티

- 큐티를 하면서 그 날 주신 말씀으로 하나님의 뜻을 구하는 기도문을 3개 이상 적어 보세요.
- 이번 한 주 큐티를 하며 기억나는 말씀을 나눠 보세요.

성구 암송과 교리 요약

인자가 온 것은 섬김을 받으려 함이 아니라 도리어 섬기려 하고 자기 목숨을 많은 사람의 대속물로 주려 함이니라 **마태복음 20:28**

내가 드려야 할 기도는 내 필요만을 구하는 기복적인 기도가 아니라 하나님의 말씀대로 그분의 뜻을 구하는 기도입니다. 내 뜻보다 하나님의 뜻이 이루어지게 해 달라고 기도할 때 하나님은 나의 필요를 정확히 채워 주십니다.

05 예배

영적 예배

THINK

05 | 예배
- 영적 예배

마음 열기 Telling
마음을 열고 생각을 나누는 시간

- 나는 어떤 마음으로 예배를 드리나요? 모든 예배를 기쁘게 드리나요?
- 지난 주일의 설교를 듣고 느낀 점을 나눠 보세요.

말씀 읽기 Holifying
주님을 만나는 묵상의 시간

우리가 늘 드리는 예배에도 하나님이 받으시는 예배와 받지 않으시는 예배가 있습니다. 예배를 어떻게 드리느냐가 무엇보다 중요합니다. 거듭남 없이, 가치관은 바뀌지 않은 채 종교적인 습관을 따라 드리는 예배는 하나님이 받지 않으십니다. 하나님이 받으시는 예배는 회개로 드리는 예배입니다. 내 힘으로는 죄를 이길 수 없음을 인정하고 내 죄를 고백하는 것이 참된 예배입니다. 시간이 남는다고 아무 뜻 없이 드리는 것이 아니라 예배를 삶의 최우선순위에 놓고 몸과 마음을 정성스럽게 준비해야 합니다.

주제 본문
로마서 12:1-2

1 그러므로 형제들아 내가 하나님의 모든 자비하심으로 너희를 권하노니 너희 몸을 하나님이 기뻐하시는 거룩한 산 제물로 드리라 이는 너희가 드릴 영적 예배니라 2 너희는 이 세대를 본받지 말고 오직 마음을 새롭게 함으로 변화를 받아 하나님의 선하시고 기뻐하시고 온전하신 뜻이 무엇인지 분별하도록 하라

해석하기 | Interpreting
구속사로 생각하기

1. 영적 예배는 하나님의 자비하심으로 권하는 것입니다. 바울은 죄인인 자신이 먼저 예수를 믿고 구원 받았기에 성도들을 '형제'라 부르며 복음을 권합니다. 누군가의 삶에 영적 도전을 주려면 바울처럼 죄 고백과 형제 의식, 사랑과 인내가 있어야 합니다. 영적인 예배는 윽박지르고 강요한다고 되는 것이 아니기에 하나님의 자비하심으로 반복해서 권면해야 합니다.

2. 영적 예배는 내 몸을 드리는 것입니다. 예수 그리스도를 믿어 의롭다 함을 받은 나의 몸은 하나님이 계시는 거룩한 성전입니다. 그리스도인의 삶은 자기 몸을 하나님이 기뻐하시는 거룩한 산제물로 드리는 것이며 그것이 곧 영적 예배입니다. '영적 예배'라는 말에는 '합당한 경배, 마땅한 섬김'이라는 뜻이 있습니다. 큐티, 가정예배, 주일예배 등을 넘어서 삶의 모든 영역에서 다른 사람을 섬기는 생활예배가 곧 영적 예배입니다.

3. 영적 예배는 마음이 변화되는 것입니다. 이 세대에는 입시, 연예인, 돈, 인기, 미모 등 본받고 싶은 것들이 너무 많습니다. 그러나 이러한 것들을 본받지 말라고 말씀하십니다. 이 세대는 악하고 음란하기 때문입니다. 그러려면 말씀으로 마음을 새롭게 하여 하나님의 선하시고 기뻐하시고 온전하신 뜻이 무엇인지 분별해야 합니다.

주제 본문 큐티 예시
로마서 12:1-2

영적 예배가 시급해
고2 하예원

본문 요약

하나님이 기뻐하시는 거룩한 산 제물로 우리 몸을 드리는 것이 우리가 드릴 영적 예배입니다. 우리는 이 세대를 본받지 말고 하나님의 선하시고 기뻐하시고 온전한 뜻이 무엇인지 분별해야 합니다. 또한 각자 믿음의 분량과 은사대로 그리스도 안에서 한 몸을 이루는 데 최선을 다해야 합니다.

질문하기

1. 왜 하나님은 영적 예배를 기뻐하실까요? (1절)
2. 왜 새롭게 마음의 변화를 받아야 할까요? (2절)

묵상하기

"그러므로 형제들아 내가 하나님의 모든 자비하심으로 너희를 권하노니 너희 몸을 하나님이 기뻐하시는 거룩한 산 제물로 드리라 이는 너희가 드릴 영적 예배니라"(1절). 하나님이 원하시는 것은 온 맘을 드리는 영적 예배라고 하십니다. 그러나 저는 하나님이 기뻐하시는 예배자가 아닌 것 같습니다.

　작년부터 가정형편이 급격히 나빠져, 아버지는 지난봄까지 홀로 지방에서 일하셨습니다. 힘들긴 하지만 어느 정도 가난에 적응되었을 무렵, 어느 날 어머니가 갑작스럽게 외출 준비를 하시며 혼자 가기 두려우니 제게 함께 가자고 하셨습니다. 알고 보니 아버지가 과거 불륜 상대와 같은 회사를 다니고 계신다는 것이었습니다. 저는 어머니를 따라 지방에 계신 아버지를 만나러 갔습니다. 아버지는 갑자기 찾아오신 어머니를 매우 탐탁지 않아 하시며, 어떻게 된 일인지 물으시는 어머니께 도리어 언성을 높이셨습니다. 지금껏 제가 보아 온 아버지의 모습이 아니었습니다.

사건의 내막은 이러했습니다. 아버지가 옛 불륜 상대에게 일자리를 구해 줘 같은 회사에 다니게 된 것입니다. 아버지는 별일 없었다고 하셨지만, 저는 아버지에 대한 신뢰가 한순간에 무너졌습니다. 지금까지도 아버지는 자신의 죄를 부정하고 계십니다. 그런 아버지가 참기 힘들 정도로 밉다가 때론 가엾기도 합니다.

온 가족이 힘들어하는 이때, 저라도 말씀으로 깨어 있으면 좋겠는데 부끄럽게도 저는 하나님을 붙들지 못하고 있습니다. '이 세대를 본받지 말고 오직 마음을 새롭게 함으로 변화를 받아 하나님의 선하시고 기뻐하시고 온전하신 뜻이 무엇인지 분별하도록 하라'(2절)고 하시는데, 요즘 예배에 집중이 안 되고 말씀묵상과 기도도 전혀 하지 않아 제게 주신 사건에서 하나님의 뜻이 무엇인지 잘 모르겠습니다. 저는 당장의 시험과 숙제만 중요하게 여기며 제 할 일 하기에만 바쁩니다. 가족의 구원이야 어떻게 되든 '나 몰라라' 하며, 제 몸을 드리는 영적 예배를 드리지 않는 것입니다.

이제 이기심을 벗어 버리고 가족의 구원을 위해 애통하는 제가 되기 원합니다. 그러기 위해 온 맘과 몸을 드리는 영적 예배로 하나님의 뜻을 물으며 나아가겠습니다. 우리 가족이 이 시련을 통해 하나님을 더 깊이 만나게 되기를 소망합니다.

적용하기
- 매일 아침 공부하기 전에 먼저 큐티를 하겠습니다.
- 예배 시간에 딴짓하지 않고 말씀에 집중하고자 메모하며 듣겠습니다.

기도하기
영적 예배를 회복시키고자 저희 가정에 사건을 주신 하나님의 뜻을 '나 몰라라' 하며 외면한 저의 죄를 회개해요. 가족의 구원을 위해 제가 먼저 하나님의 뜻을 물으며 가길 원해요. 악하고 음란한 이 세대를 본받지 않고, 하나님의 뜻을 분별하여 온전한 영적 예배를 드리는 제가 되게 해 주세요.

돌아보기 | Nursing
주제 도서 읽고 나누기

- 《꼼짝할 수 없는 내게 오셔서》(윤석언, 박수민, 포이에마) 1~110쪽을 읽고 독후감을 작성해 보세요.

살아내기 | Keeping
한 주의 실천 과제와 매일 큐티

- 하나님이 기뻐하시는 영적 예배를 드리고자 내 몸(재물, 시간, 감정, 지식, 재능 등)을 어떻게 드릴지 구체적으로 적고 한 주간 실천해 보세요.
- 이번 한 주 큐티를 하며 기억나는 말씀을 나눠 보세요.

성구 암송과 교리 요약

그러므로 형제들아 내가 하나님의 모든 자비하심으로 너희를 권하노니 너희 몸을 하나님이 기뻐하시는 거룩한 산 제물로 드리라 이는 너희가 드릴 영적 예배니라 **로마서 12:1**

하나님이 받으시는 예배는 그분의 뜻을 깨달아 마음이 변화되어 회개하는 예배입니다. 그리스도인의 삶은 자기 몸을 하나님이 기뻐하시는 거룩한 산 제물로 드리는 것이며, 공적인 예배를 넘어 삶의 모든 영역에서 다른 사람을 섬기는 생활예배가 곧 영적 예배입니다.

06 섬김

내 하나님 성전의 문지기

THINK

06 섬김
– 내 하나님 성전의 문지기

마음 열기 Telling
마음을 열고 생각을
나누는 시간

- 누군가에게 심하게 대들거나 반항한 적이 있나요?
- 지난 주일의 설교를 듣고 느낀 점을 나눠 보세요.

말씀 읽기 Holifying
주님을 만나는 묵상의 시간

출애굽 여정 중에 고라는 당을 지어 광야에서 모세와 아론의 리더십에 도전했습니다. 그는 레위의 증손이고 모세와 사촌이기에 모세와 아론을 보고도 '저들이 나와 다른 게 무엇이야?'라고 생각한 것입니다. 하나님은 땅이 입을 열어 반역자들을 산 채로 삼키게 하시고 불을 보내시는 심판으로 그들을 벌하셨습니다(민 16:1-35). 고라와 그에게 속한 자들은 멸망했지만, 그 자손은 남겨져서 성전에서 문지기와 찬양대로 봉사하게 되었습니다. 그들은 멸망할 수밖에 없던 자기 조상의 죄를 상기하며 살아남은 은혜를 노래합니다.

주제 본문

시편 84:1-12

1만군의 여호와여 주의 장막이 어찌 그리 사랑스러운지요 2내 영혼이 여호와의 궁정을 사모하여 쇠약함이여 내 마음과 육체가 살아 계시는 하나님께 부르짖나이다 3나의 왕, 나의 하나님, 만군의 여호와여 주의 제단에서 참새도 제 집을 얻고 제비도 새끼 둘 보금자리를 얻었나이다 4주의 집에 사는 자들은 복이 있나니 그들이 항상 주를 찬송하리이다(셀라) 5주께 힘을 얻고 그 마음에 시온의 대로가 있는 자는 복이 있나이다 6그들이 눈물 골짜기로 지나갈 때에 그 곳에 많은 샘이 있을 것이며 이른 비가 복을 채워 주나이다 7그들은 힘을 얻고 더 얻어 나아가 시온에서 하나님 앞에 각기 나타나리이다 8만군의 하나님 여호와여 내 기도를 들으소서 야곱의 하나님이여 귀를 기울이소서(셀라) 9우리 방패이신 하나님이여 주께서 기름 부으신 자의 얼굴을 살펴 보옵소서 10주의 궁정에서의 한 날이 다른 곳에서의 천 날보다 나은즉 악인의 장막에 사는 것보다 내 하나님의 성전 문지기로 있는 것이 좋사오니 11여호와 하나님은 해요 방패이시라 여호와께서 은혜와 영화를 주시며 정직하게 행하는 자에게 좋은 것을 아끼지 아니하실 것임이니이다 12만군의 여호와여 주께 의지하는 자는 복이 있나이다

해석하기 | Interpreting
구속사로 생각하기

1. 고라 자손은 완전히 망하고 황폐했기에 주의 장막을 보면 살아 있음에 감격할 수밖에 없었습니다. 그래서 주의 장막을 너무나 사랑합니다. 그들은 선조 고라의 길에서 돌이켜 회막에서 수종 드는 일, 찬송하는 일, 성막 문지기의 일들을 오히려 귀하게 여깁니다. 직분에 상관없이 사모하는 교회와 삶을 나눌 공동체가 있다는 것이 감사한 일입니다.

2. 고라 자손은 하나님의 성전을 마음과 육체가 쇠약하기까지 사모합니다. 이는 내 마음과 육체가 살아 계신 하나님께 부르짖는 것입니다. 내 육신의 정욕을 제어하기란 여간 힘든 것이 아닙니다. 어느 한 가지도 제대로 조절할 수 없는 것이 육체입니다. 그래서 "나는 아무것도 할 수 없습니다"라고 고백할 수밖에 없습니다.

3. 내 하나님의 성전에서는 주님이 안식처입니다. 내가 형편없지만, 주님을 부르짖게 되니까 이런 안식을 얻게 됩니다. 고라 자손도 조상이 당한 수치로 눈물 골짜기를 통과하니 마음에 시온의 대로가 펼쳐집니다. 그리하여 성전의 문지기로서 성도를 시온의 대로, 말씀의 대로로 이끄는 역할을 감당하게 됩니다. 이것이 주님이 주시는 참된 안식입니다.

주제 본문 큐티 예시
시편 84:1-12

성전 문지기가 최고 고3 임준형

본문 요약
시인은 자신의 쇠약함으로 말미암아 하나님께 부르짖습니다. 그는 주의 집에 거하며 항상 주를 찬송하는 것이 최고의 복이라고 말합니다. 세상 어떤 곳보다 주의 궁정을 사모하며, 오직 떠오르는 해요 든든한 방패이신 하나님께 의지하는 자만이 복이 있다고 고백합니다.

질문하기
1. 왜 시인은 쇠약하기까지 여호와의 궁정을 사모했을까요? (2절)
2. 왜 시인은 궁정에서의 천 날보다 성전에서의 하루가 더 좋다고 했을까요? (10절)

묵상하기
저는 교회에서 약 1시간가량 떨어진 곳에 살고 있습니다. 그래서 중1 때부터 부모님을 따라 아침 일찍 교회를 다녀와야 한다는 것이 무척이나 불편하고 싫었습니다. 그 당시에는 하나님을 믿지도 않았고, 그토록 아침 일찍 나와서 얻는 것이 하나도 없다고 느껴졌기 때문입니다. 그래서 교회를 부정하고 싫어하게 되었습니다.

그런데 교회를 다니면서 저희 가정에 많은 변화가 찾아왔습니다. 항상 비판

적이고 날카로운 아버지의 성격이 눈에 띄게 부드러워지고, 그 많던 어머니와의 싸움도 줄었습니다. 저희 형제를 대하는 태도도 이상하리만큼 좋아지셨습니다. 그렇게 저희 가족은 말로만 듣던 '은혜'라는 것을 경험하게 되었고 그 은혜는 저희 가정에 많은 변화를 가져다 주었습니다. 지금 생각해 보면 하나님이 '악인의 장막에 안주해 있던 저희 가정'을 조금은 불편하지만 은혜와 믿음을 가지고 하나님께 나아가는 '성전 문지기'로 변화시켜 주신 것 같아 정말 감사합니다(10절).

그럼에도 여전히 가끔씩 주일이 되면 '아침마다 꼭 이렇게 시간을 내면서 와야 할까?'라는 생각을 합니다. 거리도 멀고, 무엇보다 아버지의 차를 타고 오지 못하는 날이면 집에 올 때 대중교통을 타야 하기 때문입니다. 그런 날은 심기가 매우 불편해집니다. 하지만 전라도 광주를 비롯한 여러 지방에서 올라오는 친구들이 있다는 것을 들은 다음부터는 '내가 매우 좋은 환경에서 교회를 다니는 것이구나' 하는 긍정적인 생각을 갖게 되었습니다. 그런 아이들을 보면 교회를 사모하는 마음(2절)이 느껴져 편안한 것만 찾는 제 자신이 부끄러워지기도 합니다.

시인은 "악인의 장막에 사는 것보다 내 하나님의 성전 문지기로 있는 것이 좋다"고 합니다(10절). 앞으로 교회를 오는 것에 대한 부정적인 생각이 들면 하나님이 저희 가정에 베푸신 은혜를 생각하며 제가 성전 문지기임을 기억하겠습니다. 저보다 멀리서 힘들게 오는 친구들의 믿음과 은혜를 생각하며 감사함으로 교회를 다니겠습니다. 악하고 세상적인 악인의 삶보다 조금은 불편하더라도 하나님의 곁에 붙어 있는 은혜의 삶을 살고 싶습니다.

적용하기

- 주일에 편하게 누워 있으려 하지 않고 감사함으로 교회에 오겠습니다.
- 교회가 오기 싫은 날에는 저보다 멀리서 오는 친구에게 연락하고 마음을 잡겠습니다.

기도하기

힘들다고 짜증만 내며 하나님을 찾지 않았던 것을 회개해요. 새롭고 좋은 것에만 욕심내지 않고 날마다 새롭게 주시는 말씀을 사모하게 도와주세요.

돌아보기 | Nursing
주제 도서 읽고 나누기

- 《꼼짝할 수 없는 내게 오셔서》(윤석언, 박수민, 포이에마) 111~224쪽을 읽고 독후감을 작성해 보세요.

살아내기 | Keeping
한 주의 실천 과제와 매일 큐티

- 집, 학교, 교회에서 내가 낮은 마음으로 섬길 수 있는 일이 무엇인지 적고 하루에 하나씩 실천해 보세요.
- 이번 한 주 큐티를 하며 기억나는 말씀을 나눠 보세요.

성구 암송과 교리 요약

주의 궁정에서의 한 날이 다른 곳에서의 천 날보다 나은즉 악인의 장막에 사는 것보다 내 하나님의 성전 문지기로 있는 것이 좋사오니 **시편 84:10**

나를 구원해 주신 하나님께 감사함으로 교회와 공동체를 사랑하는 것이 섬김의 시작입니다. 교회와 공동체를 위해 부르짖어 기도하며, 맡겨 주신 일을 귀하게 여기는 것이 섬김의 모습입니다. 진정한 섬김 안에 주님이 주시는 참된 안식이 있습니다.

07

주일과 예배

안식일

THINK

07 | 주일과 예배
– 안식일

마음 열기 Telling
마음을 열고 생각을 나누는 시간

- 안식일을 잘 지키나요? 안식일을 지키고자 어떤 노력을 하나요?
- 지난 주일의 설교를 듣고 느낀 점을 나눠 보세요.

말씀 읽기 Holifying
주님을 만나는 묵상의 시간

하나님은 천지창조를 마치고 일곱째 날에 안식하셨습니다. '안식하다'라는 말은 지쳐서 쉬는 것이 아니라 모든 일을 마치고 편안한 상태를 말합니다. 인간은 안식을 누리도록 창조되었습니다. 참된 안식은 무조건 일을 안 하고 쉬는 것이 아니라 하나님을 경배하며 거룩해지는 복을 누리는 것입니다. 아무리 힘들고 어려워도 하나님의 은혜를 깨달으면 참된 안식을 누릴 수 있습니다. 안식일을 잘 지키는 것은 일주일의 첫날을 구별하여 거룩하게 지키는 것입니다.

주제 본문

느헤미야 13:15-22

15 그 때에 내가 본즉 유다에서 어떤 사람이 안식일에 술틀을 밟고 곡식단을 나귀에 실어 운반하며 포도주와 포도와 무화과와 여러 가지 짐을 지고 안식일에 예루살렘에 들어와서 음식물을 팔기로 그 날에 내가 경계하였고 **16** 또 두로 사람이 예루살렘에 살며 물고기와 각양 물건을 가져다가 안식일에 예루살렘에서도 유다 자손에게 팔기로 **17** 내가 유다의 모든 귀인들을 꾸짖어 그들에게 이르기를 너희가 어찌 이 악을 행하여 안식일을 범하느냐 **18** 너희 조상들이 이같이 행하지 아니하였느냐 그래서 우리 하나님이 이 모든 재앙을 우리와 이 성읍에 내리신 것이 아니냐 그럼에도 불구하고 너희가 안식일을 범하여 진노가 이스라엘에게 더욱 심하게 임하도록 하는도다 하고 **19** 안식일 전 예루살렘 성문이 어두워갈 때에 내가 성문을 닫고 안식일이 지나기 전에는 열지 말라 하고 나를 따르는 종자 몇을 성문마다 세워 안식일에는 아무 짐도 들어오지 못하게 하였으므로 **20** 장사꾼들과 각양 물건 파는 자들이 한두 번 예루살렘 성 밖에서 자므로 **21** 내가 그들에게 경계하여 이르기를 너희가 어찌하여 성 밑에서 자느냐 다시 이같이 하면 내가 잡으리라 하였더니 그 후부터는 안식일에 그들이 다시 오지 아니하였느니라 **22** 내가 또 레위 사람들에게 몸을 정결하게 하고 와서 성문을 지켜서 안식일을 거룩하게 하라 하였느니라 내 하나님이여 나를 위하여 이 일도 기억하시옵고 주의 크신 은혜대로 나를 아끼시옵소서

해석하기 Interpreting

구속사로 생각하기

1. 경제적인 풍요가 안식을 가져다주는 것은 아닙니다. 낙성식 후에 느헤미야가 바사에 간 동안 이스라엘 백성의 신앙이 흔들렸습니다. 성벽이 중수되고 성전에서 예배가 드려지자 사람들이 안식일에 술틀을 밟고 장사를 합니다. 안식일을 돈 벌 기회로 여긴 것입니다. 느헤미야는 즉각 이를 경계하고 꾸짖습니다.

2. 안식일을 지키지 않으면 진노와 재앙이 임합니다. 예레미야가 바벨론 포로로 잡혀가기 전에 "안식일을 지키지 않으면 성문이 불에 탄다"고 경고했지만 백성은 듣지 않았습니다. 당장 아무 일도 생기지 않으니 나랑 상관없다고 생각한 것입니다. 그러다가 그들은 결국 바벨론 포로로 끌려가고 맙니다.

3. 안식일은 반드시 지켜야 합니다. 느헤미야는 안식일에 장사하는 것을 필사적으로 막습니다. 안식은 곧 거룩이고, 거룩은 구별됨입니다. 하나님이 일곱째 날에 쉬시며 복을 주셨다는 것은 세상과 구별되는 가치관에서 안식이 온다는 뜻입니다. 느헤미야가 성문을 폐쇄하고 물건 파는 자들을 막은 것처럼 주일성수를 방해하는 모든 유혹을 물리쳐야 합니다.

4. 거룩한 지도자가 안식일을 지키게 합니다. 본래 성문을 지키는 것은 레위인들의 의무입니다. 그렇기에 느헤미야는 백성이 안식일을 지키게 하고자 먼저 레위인들의 회개를 촉구합니다. 종교 지도자들인 그들이 먼저 몸을 정결하게 하여 회개의 본을 보일 것을 명합니다. 내가 주의 거룩한 레위인으로서 먼저 회개하

고 정결한 삶을 살아갈 때 하나님은 나의 헌신과 섬김을 기억하시고 나를 통해 믿지 않는 자들을 구원 받게 하실 것입니다.

주제 본문 큐티 예시

느헤미야 13:15-22

축구 경기 패배의 깨달음 중2 천승현

본문 요약

유다 사람들이 안식일에 술틀을 밟고 장사를 하며 안식일을 거룩하게 지키지 못하는 모습을 본 느헤미야는 경계하며 꾸짖습니다. 그리고 성문을 닫고 장사하지 못하도록 막습니다. 또한 레위인들에게 몸을 정결하게 하고 성문을 지키는 일에 전념하여 백성이 안식일을 거룩하게 지킬 수 있도록 하라고 명합니다.

질문하기

1. 왜 사람들은 안식일에 술틀을 밟고 음식물을 팔았을까요? (15절)
2. 왜 느헤미야는 성문을 닫고 안식일에는 열지 말라고 했을까요? (19절)

묵상하기

저희 학교에서는 매달 버스킹 공연이 열립니다. 저는 평소에 음악, 특히 랩에 관심이 있어서 친구와 버스킹 오디션에 나가기로 했습니다. 조금 어려운 랩이라 연습이 많이 필요했습니다. 기간도 얼마 남지 않아 한창 연습을 하는데, 교회에 다니지 않는 그 친구가 연습 시간을 주일로 잡았습니다. 주일 전날에 엄마는 "예배는 빠지면 안 되지" 하셨지만(22절), 저는 그 말씀을 듣고도 '예배는 언제나 드릴 수 있지만 이번 연습은 빠질 수 없다'며 예배를 무시하고 배척했습니다(15-16절). 안 그래도 교회가 멀어서 다니기 힘든데 '예배 하루 빠지는 게 뭐 그리 대수냐' 하고 생각했습니다.

그런데 문제는 그 이후였습니다. 주일에 무슨 일만 생기면 예배드리는 것을 고민하게 된 것입니다. 해외의 유명한 야구 선수가 나오는 경기가 주일 아침에 있거나 친구들이 주일에 놀자고 하면 '이번 한 번만 더'며 예배를 빠지려 했습니다. 그렇게 두 달여 동안 주일예배를 들쭉날쭉 드리며 지냈습니다.

그러다 학교에서 다른 반과 축구 시합을 하게 되었습니다. 꼭 이기고 싶은 마음에 시합 전날 그간 하지도 않던 큐티를 했습니다. 말씀을 듣고자 하는 마음보다 '큐티하면 하나님이 이기게 해 주시겠지' 하는 마음이 더 컸던 것이 사실입니다. 그런데 큐티 본문 말씀에는 '우리를 뒤쫓는 자들이 하늘의 독수리들보다 빠름이여'(애 4:19)라는 말씀이 있었고 왠지 찜찜했습니다. 그런데 정말 전날의 큐티 말씀대로 상대편 선수들이 너무 잘하는 바람에 1:4로 저희 반이 대패하고 말았습니다. 연습도 많이 하고 기대한 시합이었기에 속상한 마음이 컸습니다.

그날 이후로 가만히 제 모습을 돌아보니 예배를 소홀히 하고 말씀보다는 버스킹 공연, 축구 시합 등 세상에서 잘되고 이기는 것을 더 좋아한 제 모습이 보였습니다. 그것이 곧 안식일에 장사를 하여 이익을 얻으려던 이스라엘 백성의 모습이었습니다(15절). 성문을 닫고 안식일을 온전히 지키도록 백성을 일깨운 느헤미야의 음성이 제게도 들리는 듯합니다(19절). 예배로 부르시는 주께 순종하여 예배의 자리로 나아가 제 치우친 마음을 고침 받기 원합니다. 몸을 정결하게 하고 안식일을 거룩하게 지키는 마음으로 예배와 큐티에 힘을 쏟으며 무너진 예배를 다시 세우는 제가 되기를 기도합니다(22절).

적용하기
- 친구들과 약속을 잡을 때는 주일을 피하고, 예배를 꼭 드리겠습니다.
- 함께 버스킹 공연을 한 친구에게 《청소년 큐티인》을 전하며 전도하겠습니다.

기도하기
예배를 소홀히 하고 공연 연습을 더 중요하게 생각했던 것을 회개해요. 제가 좋아하는 것들을 우선하지 않고, 무너진 예배를 다시 회복함으로 예배를 그 무엇보다 소중히 여기는 제가 되길 원해요. 주일을 거룩하게 지키고 날마다 큐티하며 하나님과 가까워지는 제가 되고 싶어요.

돌아보기 Nursing
주제 도서 읽고 나누기

- 《세 왕 이야기》(진 에드워즈, 예수전도단, 2018) 1~4장을 읽고 독후감을 작성해 보세요.

살아내기 Keeping
한 주의 실천 과제와 매일 큐티

- 주일예배를 위해 토요일부터 무엇을, 어떻게 준비할 것인지 구체적으로 나누고 실천해 보세요.
- 이번 한 주 큐티를 하며 기억나는 말씀을 나눠 보세요.

성구 암송과 교리 요약

내가 또 레위 사람들에게 몸을 정결하게 하고 와서 성문을 지켜서 안식일을 거룩하게 하라 하였느니라 내 하나님이여 나를 위하여 이 일도 기억하시옵고 주의 크신 은혜대로 나를 아끼시옵소서 **느헤미야 13:22**

하나님이 천지창조를 마치고 일곱째 날에 안식하셨기에 인간은 안식을 누리도록 창조되었습니다. 안식은 곧 거룩이고, 거룩은 구별이며, 참된 안식은 하나님을 예배하며 거룩해지는 복을 누리는 것입니다. 일주일의 첫날인 주일을 구별하여 거룩하게 지키는 것이 곧 예배입니다.

MEMO

08
신결혼

구별된 결혼

THINK

08 | 신결혼
- 구별된 결혼

마음 열기 Telling
마음을 열고 생각을
나누는 시간

- 나는 어떤 사람과 연애하고 결혼을 하고 싶나요? 그 기준은 무엇인가요?
- 지난 주일의 설교를 듣고 느낀 점을 나눠 보세요.

말씀 읽기 Holifying
주님을 만나는 묵상의 시간

하나님은 한 남자와 한 여자가 만나 결혼하여 "한 몸이 될지니라"라고 명령하셨습니다. 부부가 정신적, 육체적, 영적으로 결합하여 슬픔과 기쁨을 같이하는 전인격적인 공동체가 되라는 명령입니다. 결혼은 상대방에게 이해 받으려는 목적으로 하는 것이 아니고, 상대의 무거운 짐을 나누어서 지고자 하는 것입니다. 결혼은 무거운 짐을 같이 지고 갈 확신이 섰을 때 하는 것이지 그저 나를 이해하고 사랑해 준다고 하는 것이 아닙니다. 그래서 결혼의 목적은 거룩입니다.

주제 본문

느헤미야 13:23-31

23 그 때에 내가 또 본즉 유다 사람이 아스돗과 암몬과 모압 여인을 맞아 아내로 삼았는데 **24** 그들의 자녀가 아스돗 방언을 절반쯤은 하여도 유다 방언은 못하니 그 하는 말이 각 족속의 방언이므로 **25** 내가 그들을 책망하고 저주하며 그들 중 몇 사람을 때리고 그들의 머리털을 뽑고 이르되 너희는 너희 딸들을 그들의 아들들에게 주지 말고 너희 아들들이나 너희를 위하여 그들의 딸을 데려오지 아니하겠다고 하나님을 가리켜 맹세하라 하고 **26** 또 이르기를 옛적에 이스라엘 왕 솔로몬이 이 일로 범죄하지 아니하였느냐 그는 많은 나라 중에 비길 왕이 없이 하나님의 사랑을 입은 자라 하나님이 그를 왕으로 삼아 온 이스라엘을 다스리게 하셨으나 이방 여인이 그를 범죄하게 하였나니 **27** 너희가 이방 여인을 아내로 맞아 이 모든 큰 악을 행하여 우리 하나님께 범죄하는 것을 우리가 어찌 용납하겠느냐 **28** 대제사장 엘리아십의 손자 요야다의 아들 하나가 호론 사람 산발랏의 사위가 되었으므로 내가 쫓아내어 나를 떠나게 하였느니라 **29** 내 하나님이여 그들이 제사장의 직분을 더럽히고 제사장의 직분과 레위 사람에 대한 언약을 어겼사오니 그들을 기억하옵소서 **30** 내가 이와 같이 그들에게 이방 사람을 떠나게 하여 그들을 깨끗하게 하고 또 제사장과 레위 사람의 반열을 세워 각각 자기의 일을 맡게 하고 **31** 또 정한 기한에 나무와 처음 익은 것을 드리게 하였사오니 내 하나님이여 나를 기억하사 복을 주옵소서

해석하기 Interpreting
구속사로 생각하기

1. 불신결혼을 하려는 것은 악과 음란을 따르기 때문입니다. '그 때에'는 십일조와 안식일이 무너졌을 때를 말합니다(23절). 유다 백성은 주를 믿지 않는 사람과 결혼했습니다. 십일조, 안식일을 지키지 않은 삶의 결론이 불신결혼으로 나타납니다. 육신의 정욕, 안목의 정욕, 이생의 자랑의 배후에는 결국 돈이 있습니다. 총체적 악의 결론이 불신결혼입니다.

2. 불신결혼의 결과로 문제아가 나옵니다. 어머니가 블레셋 말(아스돗 방언)을 하니 아이들이 유다 말을 잊어버립니다(24절). 이방인과의 결혼으로 이스라엘의 정체성이 무너지고 국가가 사라질 심각한 위기에 처한 것입니다. 솔로몬은 탁월한 지혜로 성전도 짓고, 잠언을 삼천 개나 지었지만, 나라가 남북으로 갈라지고 백성은 바벨론 포로로 끌려갔습니다. 이 모든 원인이 이방 여인과의 불신결혼에 있었습니다.

3. 불신결혼은 반드시 막아야 합니다. 느헤미야는 불신결혼을 막으려고 유다 사람을 책망하고 저주하며 때리고 머리털을 뽑았습니다(25절). 유다의 정체성이 무너지는 일이기에 목숨을 걸고 막은 것입니다. 불신결혼에는 말할 수 없는 영혼의 고통이 따릅니다. 영원한 생명인 구원을 이루는 데 방해가 되기 때문입니다. 결혼은 영적 연합이기에 불신결혼은 곧 하나님을 배반하는 행위입니다.

주제 본문 큐티 예시

느헤미야 13:23-31

나의 은밀한 죄

고3 채은영

본문 요약

느헤미야는 유다 백성이 불신결혼하여 낳은 자녀들이 유다의 언어를 모르고 이방 언어를 사용하는 것을 보고 그들을 책망합니다. 또한 이방 여인과 결혼한 솔로몬 왕의 죄를 예로 들며 불신결혼을 금합니다. 마지막으로 느헤미야는 이 모든 일을 하나님이 기억하시고 복 주시기를 원한다는 기도를 드립니다.

질문하기

1. 왜 유다 백성은 이방 여인과 불신결혼을 했을까요? (23절)
2. 왜 느헤미야는 유다 백성에게 솔로몬의 이야기를 들려주었을까요? (26절)

묵상하기

유다 백성은 이방 여인과 불신결혼하며 계속해서 죄를 짓습니다(23절). 과거 이런 죄들로 인해 바벨론 포로생활을 지냈으면서도(18절) 백성은 여전히 하나님께 범죄합니다. 죄의 대가가 무서운 것을 경험했음에도 여전히 돈과 여자의 유혹을 뿌리치지 못하는 유다 백성이 한심하지만, 저 역시도 그들과 다를 것이 없는 사람임을 깨닫습니다.

저는 모태신앙으로 오랫동안 교회에 다녔고, 무엇보다 초등학교 1학년 때부터 지금의 교회에 나오며 수많은 간증과 말씀을 귀에 딱지가 앉을 정도로 들었습니다. 그러나 저는 여전히 죄만 짓는 죄인입니다. 세상 성공만을 바라며 제 욕심대로 잘 먹고 잘사는 것이 인생의 목적이다 보니, 예쁘고 공부 잘하는 친구들을 시기했고, 아픈 아빠를 원망하는 등 죄가 죄를 낳는 삶을 살았습니다. 이런 저의 모습은 교회 소그룹 모임에서 자주 나누었기에 교회 지체들과 가족도 잘 알고 있는데, 사실 저에겐 아직 누구에게도 오픈하지 못한 더 큰 죄가 있습니다. 바로 음란의 죄입니다.

저는 초등학교 6학년 수학여행 때 처음으로 음란물을 보았습니다. 당시 저는 생명이 어떻게 탄생하는지조차 몰랐기에 큰 충격을 받았습니다. 중학교 1학년 때는 남자 아이돌 가수의 동성애를 다룬 팬픽을 접하게 되었는데, 그 안에는 동성애뿐 아니라 성관계를 노골적으로 묘사한 부분도 있었습니다. 그러나 팬픽을 좋아하는 다른 친구들은 이것을 대수롭지 않게 생각했고, 오히려 그 부분을 소리 내어 읽으며 장난을 치기도 했습니다. 저는 팬픽을 읽는 것이 죄라는 것을 알면서도, 친구들과 멀어질까 봐 구별된 삶을 살지 못했습니다.

다행히 중학교 2학년 때에 그것이 얼마나 큰 죄인지 알고 멀리했지만, 건강한 성에 대한 가치관이 서 있지 못해 또다시 죄를 짓게 되었습니다. 고등학교 1학년 때, 청소년 관람불가의 영화를 친구들과 본 것입니다. 저는 혼전 성관계를 미화하는 그 영화를 보면서, 혼전순결을 지켜야 한다고 생각했던 제 믿음의 뿌리가 흔들렸습니다. 그러나 혼전 임신으로 결혼한 언니의 힘든 삶을 보았고 어릴 적부터 들은 말씀이 있었기에, 그것이 솔로몬의 예화처럼 느껴져 저의 이런 모습에 애통할 수 있었습니다 (26절). 하나님의 자녀로서 세상 친구들에게 본이 되지 못한 삶을 살았던 것을 눈물로 회개하며 돌이키게 되었습니다.

유다 백성이 죄의 악순환에서 벗어나지 못했던 것처럼 저 또한 그랬습니다. 느헤미야는 유다 백성을 책망하고 저주하며 때리고 머리털을 뽑아가면서까지 죄에서 벗어나도록 도왔다고 합니다(25절). 이제 저도 느헤미야처럼 세상 친구들과 구별된 삶을 살면서 그들을 위해 기도함으로 옳은 길로 인도하는 사람이 되고 싶습니다. 제가 거룩하고 구별된 삶으로 스스로 정결하게 할 때마다 하나님이 제 음란의 죄를 뿌리 뽑아 주시고, 저를 기억해 주실 것을 믿습니다(22절).

적용하기
- 청소년 관람가의 건전한 영화만 보겠습니다.
- 가족과 교회 공동체에서 제 음란의 죄를 오픈하겠습니다.

기도하기
음란물을 보는 것이 죄라는 것을 알면서도 남들도 다 본다며 합리화했던 저를 용서해 주세요. 이제는 때에 맞는 삶을 살기를 원합니다. 학교에서는 열심히 공부하고, 교회에서는 온전히 예배드리는 제가 되게 해 주세요. 믿지 않는 사람들과 어울려 세상으로 가지 않도록 하나님이 저를 기억해 주시고 보호해 주세요.

돌아보기 | Nursing
주제 도서 읽고 나누기

- 《세 왕 이야기》(진 에드워즈, 예수전도단, 2018) 5~8장을 읽고 독후감을 작성해 보세요.

살아내기 | Keeping
한 주의 실천 과제와 매일 큐티

- 어떤 이성에게 매력을 느끼는지 적어 보고, 그것보다 신앙이 중요한지를 생각해 보세요.
- 이번 한 주 큐티를 하며 기억나는 말씀을 나눠 보세요.

성구 암송과 교리 요약

또 이르기를 옛적에 이스라엘 왕 솔로몬이 이 일로 범죄하지 아니하였느냐 그는 많은 나라 중에 비길 왕이 없이 하나님의 사랑을 입은 자라 하나님이 그를 왕으로 삼아 온 이스라엘을 다스리게 하셨으나 이방 여인이 그를 범죄하게 하였나니 너희가 이방 여인을 아내로 맞아 이 모든 큰 악을 행하여 우리 하나님께 범죄하는 것을 우리가 어찌 용납하겠느냐 **느헤미야 13:26-27**

육신의 정욕과 안목의 정욕, 이생의 자랑이 집약된 총체적 악의 결론이 불신결혼입니다. 불신결혼은 곧 하나님을 배반하는 행위입니다. 결혼은 상대방에게 이해 받기 위해 하는 것이 아니고, 상대의 무거운 짐을 나누어서 지고자 하는 것입니다. 그래서 결혼의 목적은 거룩입니다.

과제물 점검표 '하나님 앞에서'

과제	주제 큐티	주일 설교	독서물	생활 숙제	매일 큐티	성구 암송
01						
02						
03						
04						
05						
06						
07						
08						

MEMO

THINK 청소년양육 2 과제 목록표

8주 공통	주중 큐티	일주일 모두 느낀 점 다섯 줄 이상 쓰기
	주제 큐티	질문 2개 이상 쓰고, 그것에 따른 묵상, 적용까지 쓰기 – 최대한 구체적으로
	주일 고등부 설교 노트	청소년부 주일 설교 듣고 요약이 아닌 필기 및 느낀 점 쓰기 (A4용지 1장 이상 11p 자간 160)

주차	주제 큐티 및 성구 암송	독후감	생활 숙제	부모 숙제
1주차	사명 부르심 (렘 1:1-10) 〈암송〉 렘 1:5	《천로역정》 (존 버니언, 포이에마, 2011) 1~7장	학생으로서, 한 가정의 자녀로서 불러 주심에 순종하여 이번 한 주간 적용해야 할 것들을 구체적으로 적고 지키기	《문제아는 없고 문제 부모만 있습니다》 (김양재, 두란노)
2주차	듣는 마음 하나님의 지혜 (왕상 3:16-28) 〈암송〉 왕상 3:28	《천로역정》 (존 버니언, 포이에마, 2011) 8~15장	내 욕심으로 사이가 멀어진 친구들이나 가족들에게 진심을 담아 편지 쓰기	
3주차	구속사 그는 나보다 옳도다 (창 38:12-30) 〈암송〉 창 38:26	《날마다 큐티하는 청소년》 (김양재, QTM) 1장	"부모님이 저보다 옳으세요"라고 고백하면서 부모님의 발 씻겨 드리기 (세족식)	《사랑받고 사랑하고》 (김양재, QTM)
4주차	기도 기복을 넘어 팔복으로 (마 20:17-28) 〈암송〉 마 20:28	《날마다 큐티하는 청소년》 (김양재, QTM) 2~3장	큐티하면서 당일 말씀으로 하나님의 뜻을 구하는 기도문을 3개 이상 적어 보기	
5주차	예배 영적 예배 (롬 12:1-2) 〈암송〉 롬 12:1	《꼼짝할 수 없는 내게 오셔서》 (윤석언, 박수민, 포이에마) 1~110쪽	하나님이 기뻐하시는 영적 예배를 위해 내 몸(재물, 시간, 감정, 지식, 재능 등)을 어떻게 드릴지 구체적으로 적고 한 주간 실천하기.	
6주차	섬김 내 하나님 성전의 문지기 (시 84:1-12) 〈암송〉 시 84:10	《꼼짝할 수 없는 내게 오셔서》 (윤석언, 박수민, 포이에마) 111~224쪽	집, 학교, 교회에서 내가 낮은 마음으로 섬길 수 있는 일이 무엇인지 적고 하루에 하나씩 실천하기	《그럼에도 사랑하심》 (김양재, 두란노)
7주차	주일과 예배 안식일 (느 13:15-22) 〈암송〉 느 13:22	《세 왕 이야기》 (진 에드워즈, 예수전도단, 2018) 1~4장	주일예배를 위해 토요일부터 무엇을, 어떻게 준비할 것인지 구체적으로 나누고 실천하기	
8주차	신결혼 구별된 결혼 (느 13:23-31) 〈암송〉 느 13:26-27	《세 왕 이야기》 (진 에드워즈, 예수전도단, 2018) 5~8장	어떤 이성에게 매력을 느끼는지 적어 보고, 그것보다 신앙이 중요한지를 생각해 보기	

공지 사항	매주 6개의 과제를 성의껏 작성하세요. 그리고 청소년부 홈페이지 '제자훈련' 부분에 숙제를 올리고, 각자 출력하여 가져오세요. 나눔을 위하여 출력이 꼭 필요합니다. 그리고 양육 받은 후, 선생님께 제출해 주세요. 기본적으로 모든 숙제는 A4 1장 이상, 글씨크기 11p, 자간 160입니다. 결석 2회시 자동 탈락입니다. 부모님은 3권의 책을 읽고 독서 보고서를 제출하셔야 합니다. (어머니, 아버지 각각 할 것) 모두 이수하셔야 아이와 함께 수료가 됩니다.

성구암송

01 사명 - 부르심

렘 1:5 내가 너를 모태에 짓기 전에 너를 알았고 네가 배에서 나오기 전에 너를 성별하였고 너를 여러 나라의 선지자로 세웠노라 하시기로

02 듣는 마음 - 하나님의 지혜

왕상 3:28 온 이스라엘이 왕이 심리하여 판결함을 듣고 왕을 두려워하였으니 이는 하나님의 지혜가 그의 속에 있어 판결함을 봄이더라

03 구속사 - 그는 나보다 옳도다

창 38:26 유다가 그것들을 알아보고 이르되 그는 나보다 옳도다 내가 그를 내 아들 셀라에게 주지 아니하였음이로다 하고 다시는 그를 가까이 하지 아니하였더라

04 기도 - 기복을 넘어 팔복으로

마 20:28 인자가 온 것은 섬김을 받으려 함이 아니라 도리어 섬기려 하고 자기 목숨을 많은 사람의 대속물로 주려 함이니라

05 예배 - 영적 예배

롬 12:1 그러므로 형제들아 내가 하나님의 모든 자비하심으로 너희를 권하노니 너희 몸을 하나님이 기뻐하시는 거룩한 산 제물로 드리라 이는 너희가 드릴 영적 예배니라

06 섬김 - 내 하나님 성전의 문지기

시 84:10 주의 궁정에서의 한 날이 다른 곳에서의 천 날보다 나은즉 악인의 장막에 사는 것보다 내 하나님의 성전 문지기로 있는 것이 좋사오니

07 주일과 예배 - 안식일

느 13:22 내가 또 레위 사람들에게 몸을 정결하게 하고 와서 성문을 지켜서 안식일을 거룩하게 하라 하였느니라 내 하나님이여 나를 위하여 이 일도 기억하시옵고 주의 크신 은혜대로 나를 아끼시옵소서

08 신결혼 - 구별된 결혼

느 13:26-27 또 이르기를 옛적에 이스라엘 왕 솔로몬이 이 일로 범죄하지 아니하였느냐 그는 많은 나라 중에 비길 왕이 없이 하나님의 사랑을 입은 자라 하나님이 그를 왕으로 삼아 온 이스라엘을 다스리게 하셨으나 이방 여인이 그를 범죄하게 하였나니 너희가 이방 여인을 아내로 맞아 이 모든 큰 악을 행하여 우리 하나님께 범죄하는 것을 우리가 어찌 용납하겠느냐

THINK 청소년양육 2 동반자용

초판 발행일 | 2019년 3월 23일
개정증보 1쇄 | 2019년 10월 17일
지은이 | 큐티엠

발행인 | 김양재
편집인 | 김태훈
편집위원 | 정지훈 정연욱 최대규 최성준 정찬형
편집 | 정지현 진민지 정주원
디자인 | 디브로㈜
일러스트 | 송소영

발행처 | 큐티엠
주소 | 경기도 성남시 분당구 운중로267번길 3-5, 4층 큐티엠 (우)13477
편집 문의 | 070-4635-5318 **구입 문의** | 031-707-8781
팩스 | 031-8016-2263
홈페이지 | www.qtm.or.kr **이메일** | books@qtm.or.kr
인쇄 | ㈜정현씨앤피
총판 | ㈐사랑플러스 02-3489-4380

ISBN | 979-11-89927-09-7 44230
　　　　 979-11-89927-07-3 (세트)

Copyright 2019. QTM. All rights reserved.

이 책은 저작권법에 따라 보호받는 저작물이므로 무단 전재와 복제를 금합니다. 이 책에 실린 모든 글과 사진은 큐티엠의 사전 허락 없이 문서나 전송 등 그 어떤 형태로도 사용할 수 없습니다.

잘못된 책은 구입하신 곳에서 바꿔드리며, 책값은 뒤표지에 있습니다.

큐티엠(QTM, Quiet Time Movement)은 '날마다 큐티'하는 말씀묵상 운동을 통해
영혼을 구원하고, 가정을 중수하고, 교회를 새롭게 하는 일에 헌신합니다.

이 도서의 국립중앙도서관 출판예정도서목록(CIP)은 서지정보유통지원시스템 홈페이지(http://seoji.nl.go.kr)와 국가자료종합목록 구축시스템(http://kolis-net.nl.go.kr)에서 이용하실 수 있습니다.
(CIP제어번호 : CIP2019039892)